Maria Quinius • Ernst denkt: „Heiter!“

Über das Buch

„Ernst denkt: „Heiter!“, ist eine künstlerische Zusammenstellung von Poetry Slam - Texten in einem wortwitzigen und provokanten Stil. Ein Jeder findet sich wieder in diesen bildhaften Beschreibungen der „Man soll“ - Mundpropaganda und reflektiert dabei seinen individuellen Ernst. Kleine Anekdoten regen zum Nachdenken an, über uns selbst und unsere Gesellschaft in der wir alle leben, wobei die Selbstironie ihres Gleichen sucht. Moderne und zeitlose Texte, die in ihrer Gesamtheit ihre wichtige Botschaft an den Leser durch einen imaginären Ernst spielerisch untermauern.

Dieser innere Vergleich regt auf humorvolle Weise an, sich selbst und die Welt zu hinterfragen und gleichzeitig nicht so ernst zu nehmen. Einzelne kunstvolle Fotografien verstärken den originellen Charakter dieses Buches. Selbstverantwortlich wird am Ende ein überraschendes Fazit gezogen, welches eine Antwort auf einen möglichen Ernst in sich birgt.

Die etwas andere Lektüre.

Maria Quinius

Ernst denkt: „Heiter!"

Poetry Slam
mal anders

Bibliografische Information der Deutschen Nationalbibliothek
Die Deutsche Nationalbibliothek verzeichnet diese Publikation in der Deutschen Nationalbibliografie; detaillierte bibliografische Daten sind im Internet über http://dnb.d-nb.de abrufbar.

Rheinstraße 46, 12161 Berlin
Telefon: 0 30 / 76 69 99-0
www.frieling.de
ISBN (Print): 978-3-8280-3530-0
1. Auflage 2020
Umschlaggestaltung: Maximilian Günther
Bildquelle: Maria Quinius

Inhalt

- - - - - - -
- - - - -
- - - - -
- - - - -
- - - - -
- - - - -
- - - - -
- - - - -
- - - - -
- - - - -
- - - - -
- - - - -
-
- - - - - - -
- - - - -
- - - - -
- - - - -
- –Gedankenstriche–
- - - - -
- - - - -
- -

„Man soll sich Nichts bei denken!“

Ode an den Poetry Slam

Der Poetry Slam ist eine besondere Kunst; von Ernst bis Heiter, sie weiß, was sie will,
- also: „Weiter!". -

Vom Anfang bis zum Schluss, wird Papier gefüllt mit Geschichten des Alltags:
- Beobachtungen der anderen Art. -

Mal Zart, aber herzlich; mal Krawall, dennoch schmerzlich; ein Glück, dass sein Spuk ein Ende findet, wenn die Masse tobt:
- „Gut, gut!".

Wie so oft ein bescheidenes Lob für eine Art zu denken, die bewegt, in starken Zeilen.

Gedankenstriche kündigen an, was der Autor längst verspricht, begleiten lautmalerisch, zu Weilen witzig, wortgewandt:

- „STOP!" - „Too much of: „Can´t hear, but understand!".

Was bleibt ist eine Art der Sprache, eine Philosophie, in der man gibt, was man kann;
- ohne Rücksicht auf Verluste; -
Spricht, was der Andere denkt, wenn doch,
- mal leise, mal laut; -
Man sich der Belange der Welt widmet, mit einer Kultur des Hinterfragens und der Reflexion.

Eine Revolution für den „Man Soll" von Ernst, ein Sprachrohr einer Generation,
- „Man will mehr als Antworten im guten Ton!". -

Man sollte gespannt warten, was im stillen Kämmerlein verborgen ist, bis die Bühne es sich traut zu präsentieren.
Ein Buch versucht dem Slam ein Format zu geben, eine Poetry-Plattform, ein lesendes Ohr
- „Big Experience, want more!".
So will man sprechen, was gesprochen wurde, des Wortes Willen:

„Man soll andere ausreden lassen!".

„Man soll" - Eine Einführung

Definition laut Duden:

„*Man* - Pronomen - jemand (sofern er in einer bestimmten Situation stellvertretend für jedermann genommen werden kann).". Ein Beispiel: „Von dort oben, hat man eine herrliche Aussicht!".

„*Man* - irgendjemand oder eine bestimmte Gruppe von Personen (im Hinblick auf ein bestimmtes Verhalten, Tun) (oft anstelle einer passivischen Konstruktion).". Ein Beispiel: „Man vermutet, dass er es selbst getan hat!".

„*Man* - die Leute (stellvertretend für die Öffentlichkeit).". Ein Beispiel: „Man ist in diesem Punkt heute viel toleranter!".

„*Man* - jemand, der sich an bestimmte gesellschaftliche Normen, Gepflogenheiten hält!". Ein Beispiel: „So etwas tut man nicht!".

„*Man* - ich, wir (wenn der Sprecher, die Sprecherin in der Allgemeinheit aufgeht oder aufgehen möchte).". Ein Beispiel: „Man versteht ja sein eigenes Wort nicht!".

„*Man* – du, ihr, Sie; er, sie (zum Ausdruck der Distanz, wenn jemand die direkte Anrede vermeiden will.“. Ein Beispiel: „Hat man sich gut erholt?“.

„*Sollen* – unregelmäßiges Verb; die Aufforderung, Anweisung, den Auftrag haben, etwas Bestimmtes zu tun.“. Ein Beispiel: „Sie soll sofort kommen!“.

„*Sollen* – drückt einen Wunsch, eine Absicht, ein Vorhaben aus; mögen.“. Ein Beispiel: „Du sollst dich hier wie zu Hause fühlen!“, „Was solls? (Ausdruck der Gleichgültigkeit gegenüber einer Sache, die sich doch nicht ändern lässt.).

„*Sollen* – drückt Unsicherheit, Zweifel, Ratlosigkeit aus.“. Ein Beispiel: „Was soll ich nur machen?“.

„*Sollen* – drückt aus, dass ein bestimmtes Verhalten geboten ist oder gewünscht wird.“. Ein Beispiel: „Es soll sofort ein Arzt kommen!“.

„*Sollen* – drückt aus, dass etwas Bestimmtes eigentlich zu erwarten wäre.“. Ein Beispiel: „Du solltest dich schämen!“.

„*Sollen* - drückt aus, dass etwas Bestimmtes wünschenswert, richtig, vorteilhaft o.ä. wäre.". Ein Beispiel: „Das sollte man verbieten!".

„*Sollen* - drückt etwas (von einem früheren Zeitpunkt aus gesehen) in der Zukunft Liegendes durch eine Form der Vergangenheit aus; jemandem beschieden sein.". Ein Beispiel: „Es hat nicht sein sollen!".

„*Sollen* - für den Fall, dass (…) .". Ein Beispiel: „Wenn du sie sehen solltest, sage ihr (…).".

„*Sollen* - drückt aus, dass der Sprecher sich für die Wahrheit dessen, was er als Nachricht, Information o.Ä. weitergibt, nicht verbürgt.". Ein Beispiel: „Sie soll Millionärin sein!".

„*Sollen* - dient in Fragen dem Ausdruck des Zweifels, den der Sprecher an etwas Bestimmtem hegt.". Ein Beispiel: „Sollte das ihr Ernst sein?".

> „Man soll die Zähne nur zweimal putzen, das Dritte, war das Alibi für den Zahnarzt!".

„Man soll ein schönes Outfit tragen!“

INTRO

Ernst denkt: „Heiter!".

„Wolkig, bis heiter!".
- „Weiter!".

- „Ein Ernst kommt selten allein!"; - ernst soll es sein. Also sitzt man zusammen, im Einheitsbrei, der Eine weiß, was der Andere denkt; da alle das Gleiche sehen;
- „Hat das Internet gesagt!".

- „Ein Ernst kommt selten allein!"; und so nimmt man was man kriegen kann, von Allem das Meiste;
- „Und der Ernst als Erstes, danach ist Alles egal!";
- „Ernster wird's nicht!".

Ernst denkt:
- „Heiter!". -
Wie kann der Ernst denken, dass das Heiter zu ihm sagt: „Heiter!". Nichts kann ihn erheitern, auch nicht die Frechheit des „Heiter!".
Ernst denkt nur:
- „Heiter? Next, weiter!".

Ist nicht ein Jeder ein Ernst, der dem „Man soll" ein Küsschen gibt und hofft, dass man am Ende genug Karma hat, um auf der hellen Seite zu sein?

– „Das dieser „Man soll" Antworten gibt!";
Antworten die ein jeder Ernst hören will, da es schon immer so war.

„Man soll!", hat ein Ernst einmal gesagt.
So sei kein Ernst, denk: „Heiter!" und geh einen Schritt weiter!

„Man soll" - 1

Man soll:
Die Hosen hochziehen, die Nase hochziehen;
- Nein, doch nicht! -
Ein Taschentuch benutzen.
Die Schuhe richtig binden, das Hemd in die Hose stecken und einen Scheitel tragen;
immer sagen was man denkt;
- Nein, lieber nicht, dass will doch keiner hören!

Wer ist eigentlich dieser „Man soll"?

Man soll:
Die Anderen ausreden lassen, auch wenn sie nichts zu sagen haben;
die Fragen klug stellen, obwohl es keine dummen Fragen gibt;
immer fleißig „Bitte“ sagen, obwohl es nie ein „Danke“ gibt.
Man soll sich selbst nicht hinterfragen,
- dass wirft zu viele Fragen auf; -
Wer nicht fragt bleibt dumm, aber wer zu viel fragt, ist wohl die Dummheit in Person.

Man soll:
Erwachsen sein, Geduld haben, immer fragen, was andere wollen,
- ohne zu nerven, -
da die Nerven schnell nerven.
Da gibt es dieses Eine, vom Stress bedingte Wort: „Zeit“,
- schon mal gehört. -
Man kann jetzt nicht, das Handy hat gepiept, es scheint wichtig zu sein!

Man soll:
Arbeiten ohne Pause, immer da sein,
- keine Frage. -
Gesundheit wie ein Tier, bis zur Schlachtbank gute Laune.
24/7 zielorientiert durch's Leben, alles Fit im Schritt oder Oben ohne?
- Nein, das schickt sich nicht! -
Man hat gehört, man redet schon wieder.

Man soll:
Reden über Jeden, der anders ist;
- gerade heute ist doch jede Meinung wichtig, auch wenn sie intolerant ist,
-
also redet man über das Wetter, weil es das Wetter ist und es nichts Wichtigeres gibt als
- deine Mutter.

Wer ist eigentlich dieser „Man soll"?

„Man soll" - 2

Man soll:
Die Haare offen tragen, immer Mutti fragen, die Lippen schürzen, nicht zu scharf würzen;
- denk an den Rock bis zu den Knien, wer hätte dir sonst verziehen? -
Die Hacken schön im Blocksatz tragen;
das A und O im Dorf lassen.

Man soll:
Als Mädchen Rosa tragen und als Junge Blau, immerhin gibt es nur zwei Farben und das war schon immer so,
- genau. -
Man soll immer nett sein, vor allem, wenn andere Fragen,
- wer will schon wissen, was man wirklich denkt, das ist doch viel zu anstrengend.

Wer ist eigentlich dieser „Man soll"?

Man soll:
Immer glücklich sein,
- ohne Frage, -
da die Frage nach dem Glück, die Antwort doch beschränkt;
Glück ist doch unermesslich und so viel mehr, als eine Rolex verspricht,
- und dennoch ist sie: „So schön!“, -
oder nicht?

Man soll:
Manchmal einen Tee trinken, nur weil er so gesund ist,
- oder war es Wein? -
Das doppelte Herz wird die Antwort schon kennen, wenn man morgen in der Apotheken-Umschau das Horoskop nach seinem Sterbedatum fragt,
- denn die müssen es doch wissen.

Wer ist eigentlich dieser „Man soll“?

Man soll:
Konsum,
- man soll mehr -
aber nur das Teure, das Andere taugt
nix;
Qualität hat seinen Preis und der
Preis ist heiß!
- Hört man sie sagen! -
Wer weiß was Dahinter steckt?

Wer ist eigentlich dieser „Man soll"?

„Man soll" - 3

Man soll:
Keinen Kuchen essen,
- und wenn dann nur den von Koppen, rat ein Freund, die wissen wie man´s macht!
Man sind die dick, man soll aber nur in Light,
- bitte! -
Da ist mehr Zucker drin, aber weniger Fett.
- Fett ist doch das Ungesunde, oder?
Gesättigter Zucker!
- Darauf ein Gummibärchen! -
Die sind gesund, die sind bunt.

Wer ist eigentlich dieser „Man soll"?

Man soll:
Immer darauf achten, was Andere sagen;
Wie können Frauen die Haare kurz tragen?
Männer sind neuerdings sensibel,
- stand in der - Bild ich mir das nur ein?
- Ein Indianer kennt keinen Schmerz -
und wenn dann nur den Einen, mitten ins Herz.

Man soll:
Früh schlafen gehen,
- so wie die Omis, um Zehn; -
Immer fein kleine Zwerge essen,
- damit man groß und stark wird. -
Trotzdem die Nacht zum Tag machen,
wenn der grüne Hirsch ruft
- und nicht die Lerche, -
denn es kann nur Einen geben, der das Licht ausmacht.

Wer ist eigentlich dieser „Man soll"?

Man soll:
Nicht zu doll, nicht zu selten, alles machen, aber nicht zu wenig,
- denn am Ende kriegt man´s eh nicht.
Mint-Bonbons essen bis der Kalorienbedarf gedeckt ist, sonst lieber diesen, Riesen,
- Zähne braucht man eh nicht. -
Oh, jetzt hat man seine Schritte nicht geschafft,
- ein Glück kann man das Handy stumm schalten.

Man soll:
Fantasie haben, da die Wirklichkeit zu schwer zu ertragen ist;
und wenn man fertig ist, ein Buch über Ernährung schreiben.
- Essen müssen ja alle! -
Keiner weiß mehr was noch gesund ist, also: „Ran an die Buletten!".
- „Warte, sind die Bio?".

Wer ist eigentlich dieser „Man soll"?

„Man soll leere Flaschen recyceln!".

Anekdote von der Cola

Es stand einst ein Mann am Regal, da wo der feinperlige Saft eine ganze Reihe für sich hat. Links, neben dem Bier und dem anderen Besäufnis. Die Auswahl ließ ihn blind verzweifeln.
- Welches Gesöff würde ihm gefallen? -
- „Schwarz muss es sein, schwarz, wie ein Teil der Seele. Eines Espressos gleich, aber ohne Bitter. No Sugar, No Fun!".

Seine Lippen wissentlich trocken, fing er an zu zucken ohne Grund.
- „Entzug!", lässt der Zucker grüßen.

Zwischen Mate & Co. stand der Berg und suchte nach Erkenntnis.
- „Entkoffeiniert für Moralapostel, Zero für Weicheier, Light für Verliebte, No Name für Geschmackslose, Mezzo für Verrückte; - Fake ist Fake!". -
- „Aber nur Eine, ist die einzig Wahre, die klassisch Rote, die Schöne, die Unbezahlbare!".
„Wen interessiert das Zuckerlevel, wenn man das Original haben kann?".

Die Signalfarbe spricht Bände.
- „Und diese stilvolle Schrift!",

verzaubert jedes Kinderherz vergangener Tage;
- „So, wie es der Weihnachtsmann verspricht!".

Der Heilige Gral für alle, die sonst nur Wasser trinken.
- „Mal was wagen! Die Gesundheit kann man später fragen!".

Der Geschmack ist stärker als der Schmerz in seinen Zähnen.
- „Perlig dieser Abgang!",
der in einem dezenten Aufstoßen endet.

- „Nur so und nicht anders trinkt man Cola! Ohne schlechtes Gewissen und in rauen Mengen!".

Der Körper freut sich über jeden Tropfen des roten Apfels im Garten Eden.
- „Man lebt nur einmal!"

- „Cola ist eine Entscheidung! Man sollte sie überdenken!"
- „In einem anderen Leben!".

Und so nahm einst ein Mann ein Sixer Cola und ging an die Kasse, wo ihn nur noch das quälende Piepen von seinem nächsten Schluck trennte.
- „Sammeln sie Punkte?".

Ernst denkt: „Cola!“

Man soll:

„Keine Cola trinken, davon kriegt man schwarze Füße!“.

„Cola Zero trinken, Süßstoff ist gesünder als Zucker!“.

„Kein Fast-Food essen! Aber trinken ist doch erlaubt - oder?“.

„Keine Cola trinken, sie verätzt den Magen!“.

„Sein Klo mit Cola reinigen!“.

„Keine Mint-Bonbons in die Cola tun!“ - Man sehe und staune!

„Nie eine Cola auf Ex-trinken! Alles andere ist eine Belästigung!“.

„Cola in Gemeinschaft genießen, dass bringt Glück!“.

„Dem Weihnachtsmann eine Cola bereitstellen, immerhin bringt er die Geschenke!“.

Wer ist eigentlich dieser „Man soll“?

„Man soll nicht gaffen!“.

„Man Soll" - 4

Man soll:
Gerade sitzen;
- nur ein Dekolleté kann entzücken! -
Rote Lippen, Nagellack tragen;
- Wer möchte nochmal Mutti fragen?
Klischees abhaken, kannst'e knicken;
- „Kommoden ohne Schubladen kannst'e wegschmeißen!", -
hörte man sie sagen;
„Wat der Bauer nicht kennt, dat fred er nich!",
- mitten ins Gesicht!
Klischee-Kanister knistern am Häuschen.
- Die Moral:
„Hänsel findet Süßes und Saures, Mäuschen!".

Wer ist eigentlich dieser „Man soll"?

Man soll:
Deine-Mutter-Witze in Ehren halten und stets Neue erfinden;
da sich Humor vermehrt, wenn man ihn begehrt.
Und so nimmt sie ihren Lauf, die Revolution der Liebe;
- aber alles ohne Zähne im Mund, denn Lachen ist gesund! -
Ein Stück Konserve und Beschallung aus der guten, alten Flimmerkiste;
- als hätt´s Fritzchen schon gewusst, -
man hat ´nen ordentlichen Sockenschuss!

Wer ist eigentlich dieser „Man soll“?

Man soll:
Zur Vernunft kommen, wenn es sonst keiner tut;
den Mund aufmachen, auch wenn es keiner hören will.
- Schweigen ist Gold; -
aber nicht, wenn Gold einem Blinden gleicht, der aus Prinzip verlernt hat hinzusehen, um nicht einzustehen für Unrecht und Quälerei!
- Blinde Bilder sind Phantasien, so kann man schlecht unterscheiden zwischen beiden Pillen.
- „Die Bittere zuerst, dann ist der Anblick im Abgang schöner!“,
sagte der Blinde zum Gehörlosen und beide waren glücklich!
Sie nahmen, was sie kriegten:
- „For Sale! 50% auf Alles, außer Tiernahrung!“.
„Alles hat ein Ende, nur die Wurst hat zwei!“,
- den Rest gibt’s in Schweden.

Wer ist eigentlich dieser „Man soll“?

Man soll:
Ins Fitti gehen, da gibt es viel zu sehen;
die Großen und die Kleinen,
- alle in enger Kleidung -
stählen ihren Körper für Arni & Co.
- „Oh, ein Herz auf Insta, I´m done, let’s go!“.
Man soll fasten von der Gesellschaft, entschlacken, einmal weg;
- mit grünem Smoothie ohne alles, für den guten Zweck! -
Ellenbogen raus, dass wäre doch gelacht, Schlüpper hochgezogen, bis die Schwarte kracht!
- Alles ohne rot zu werden! -
- „Geile Schischa!“. -
„Kamera!“,
- mach mich zur Diva!

Wer ist eigentlich dieser „Man soll“?

„Man soll“ - 5

Man soll:
Die Wäsche bügeln und Socken paaren, getrennt Waschen, nach der Frische jagen. Bügeln und immer nur Bügeln!
- Wie will man diese Falten zügeln? -
„Feinripp, ist der Anfang vom Ende!“.

- *„Stop, in the name of love, before you break my heart!“.* -

Socke linksrum tragen, vielleicht mal etwas wagen!
- „Die bunte Krawatte, ist doch Latte!“; -
„I´m so wild, I´m so tight!“;
- „Slipper On!“; -
„Ab zum Aldi!“, man hat einen Coupon!

Wer ist eigentlich dieser „Man soll“?

Man soll:
Kinder haben, sie um Erlaubnis fragen;
die Wahrheit sprechen, bis zum Erbrechen.
Alles auf Anfang stellen, in Verbindung bleiben, bis der Tod uns scheidet;
- oder Jemand, den man sonst meidet. -
Aufhören zu rauchen und zu raufen,
sich um sich selber sorgen;
- „Das verschiebt man ganz entspannt auf morgen!". -
Leise sein, sich anpassen, nicht auffallen, vergessen wer man war;
- Identity ist unbezahlbar!

Wer ist eigentlich dieser „Man soll"?

Man soll:
Friedlich und niedlich sein, Klamotten auftragen und weitergeben, alles tun:
- „Für Gottes Segen!". -
Bei „STOP" nicht weitergehen, sich Orientierung suchen, ohne abzuheben.
Leute um Hilfe bitten, „Aber nicht nach Geld fragen!",
- hörte man sie deutlich sagen! -
Ein kompliziertes Leid, indem alle baden:
- „Was würde Ghandi dazu sagen?".

Wer ist eigentlich dieser „Man soll"?

Man soll:
Löblich sein, unmöglich:
- „Nein!". -
„Das Messer nicht ablecken!", als würde man daran verrecken.
Sonntags Eier essen und spazieren gehen, die Leute grüßen:
- „Man liege ihnen zu Füßen!". -
Nicht stehen bleiben und Alles besser machen, „Sonst wäre es umsonst gewesen!",
- dass sollte einem zu denken geben. -
Denn was Keiner will,
- ist der Letzte sein, -
„Also, auf Sie mit Gebrüll!".

Wer ist eigentlich dieser „Man soll"?

„Man soll" - 6

Man soll:
Keine Angst haben, nicht verzagen, das Trinkgeld nicht vergessen, die Steuern zahlen;
- ohne zu prahlen!
Stolz sein, mit breiter Brust Blumen essen, den Salat anbeten und keine Käfer zertreten! Alles ist nützlich, alles ist Wissen:
- „Manch' einer hat hingeschmissen!".

Man soll Brot essen, denn:
- „Die Butter schmiert die Mutter immer an der Wand lang!";
- ohne zu fragen, kennt sie die Antwort seit den Kindertagen.
Man soll die einzig wahre Mutter sein, ohne Groll erziehen, ohne Furcht durch die Gezeiten, happy or un-happy:
- „Girl-Power, in den Haaren eine Flower!".

Man soll:
Tiere streicheln, auch wenn sie Stachel haben;
- „Harte Schale, weicher Kern! Für die, die keine Worte haben, macht man das gern!".
Für die Umwelt spenden, einen Baum pflanzen:
- „Alles mit Liebe gießen, endgültig Schluss mit diesem Schießen!".

Sich bilden, hinterfragen, das Lexikon studieren, sich selbst zensieren:
- „Ohne die Bodenhaftung zu verlieren!".
Freunde treffen, kräftig feiern, das Leben genießen, als gäb's kein Morgen;
- „Denn nur der Morgen kennt die Sorgen!".

- „Alles wissen, macht die Nase beschissen!"
Das Beste geben, auf allen seinen Wegen.
„Mut zur Lücke!", dachte der Ernst, sinnierte über den Verstand und war auch ohne Erkenntnis außer Rand und Band.

Wer ist eigentlich dieser „Man soll"?

„Man soll seine Sachen in Ehren halten!“

Anekdote über einen Blog

Einst war eine Frau bereit etwas Besonderes zu treiben. Nicht Shoppen, nicht Reiten;
 - „Nein, das kann ja Jeder!“, -
einen Blog schreiben, mit Papier und Feder.
Aber nicht Irgendeinen,
- ausgefallen muss er sein; -
„Einen Einzigartigen, einen Gemeinen!“.

Und so ging die Suche los, nach diesem Famosen, diesem Fiesen;
- „Wo ist hier nur der Anstand geblieben?“.
- „Alles Anti! Ärmel hochgekrempelt! Weg da weicher Scheiß! Diese Texte sind glühend heiß!“.

Klischees bedienen ist eine Art zu denken, wo man den Stecker zieht;
 - „DA!“,
wo das Herz saß und mit Zeigefinger sagte:
- „NA!“.
- „Nope! I don´t care! Ein Wort ins Gesicht knallt besser, Sir!“.

Es verging die Zeit und Negatives machte sich breit. Der Sinn ging verloren, alles schien gehetzt,
- dass hatte schon die Oma gepetzt!

Vermessen das Glück, diese Glücksbärchi-Montage;
- „Die Woche ist voller Montage!“.

- „Das Leben gibt einem eine Zitrone, und man macht Limonade draus, Bitterlimonade! Im ersten Augenblick perlig süß und im Abgang so lästig bitter, einfach nur bitter!“.

Grau stand sie am Fenster;
- die Asche brannte ein Loch in ihr Kissen; -
Pessimismus in jeder Falte;
„Das Leben ist kein Ponyhof!“,
sagte sie zu Jedem, diese Alte.

Ernst denkt: „Blog!"

Man soll:

„Einen Blog schreiben!".
 - Aber bitte keinen über Sport & Ernährung, erspar uns diese Qualen, Diäten soll der Doktor zahlen!

„Sich ranhalten!". - Lange Rede, kurzer Sinn!
„Schreiben was man denkt, aber niemanden verletzten!". - Mission impossible beginnt!
„Einen Blog lesen!". - Aber die, die sonst Niemand liest, schon aus Prinzip!

„Sich selber finden!".
- Ganz im Eat-Pray-Love-Style, sodass alle anderen von ganz allein verstummen, diese Mantras!
„Bloggen, Bloggen, Bloggen!" - Das kann nicht der letzte Post einer Katze gewesen sein!

Wer ist eigentlich dieser „Man soll"?

„Man soll einen Blog schreiben!".

„Man soll!“ - 7

Rangeln, ordentlich toben;
- „Den Morgen nicht vor dem Abend loben!“.
Kind bleiben, Brausepulver essen, Mikado spielen, Streiche machen und noch viele andere Sachen.
In die Pfütze springen, Lieder singen;
- „Ohne zu wanken, Pippi Langstrumpf danken!“.
Lollis lutschen, Kaugummi kauen;
- „Einmal unsterblich sein, wie die Kleinen!“.

Sprachen lernen, auf Reise gehen,
- „Fährten lesen auf anderen Wegen!“;
- „Um die Erde segeln mit dem Spirit of 1969!“.
Ausmisten was niemand braucht;
- „Bewusstwerdung, ohne Schall und Rauch!“.
Teilen und wieder Teilen, bedingungslos;
- „Denn am Ende ist mehr los, auch ohne viel Moos!“.

Man soll:
Mal gut sein lassen, nicht viel verpassen, Wünsche erfüllen;
- „Die Großen und die Kleinen, jedoch die Schlichtheit nicht verneinen!“.
Atmen, Loslassen, von vorne beginnen;
- „Man kann nur gewinnen!“.
Yoga machen, meditieren, die Botschaft transportieren;
- „Man wird schon sehen, dass kann man garantieren!“.
Leben, als wär´s das Letzte, was man tut; Nichts bereuen, den Rest vergeben;
- „Denn am Ende wird alles gut!“.

Man soll sich selber lieben, das schlechte Gewissen bekriegen.
Tolerieren, versuchen zu akzeptieren; ein Motto nie vergessen, denn das kann immer passen;
„Man soll leben und leben lassen!“.

Wer ist eigentlich dieser „Man soll?“.

„Man soll nicht rauchen!“.

„Man soll!“ - Ein anderes Fazit

Die „Man soll“ - Familie gleicht einem bunten Haufen gemischter Ratschläge, wo das Glück, etwas Brauchbares zu finden, stark herausgefordert wird.
Es gibt: Gut-gemeinte, Humorvolle, wahrhaftig Weise, Solche, die es einmal werden wollen, Ernste, Schreckliche, Vergessene, Traurige, Nachdenkliche und Verbitterte.
Die Vielseitigkeit der „Man soll's“ spiegelt die Komplexität der Thematik wider, die der erste, banale Blick nicht erkennt.
„Man sieht den Wald vor lauter Bäumen nicht mehr!“.

Ein jedes „Man soll“ entspringt einer Emotion und Erfahrung, die in ihrem Momentum wahrhaftig ist. Hierbei liegen Glück und Leid dicht bei einander und jeder muss selbst entscheiden, wie viel „Man soll“ seine Bestimmung ist.

Die Kunst dabei ist, die Spreu vom Weizen zu trennen und das Gute zu finden, hinter allen Vorurteilen und Besserwissen.

Ein „Man soll glücklich sein!" - raubt allen anderen den Atem, da es gleichzeitig die Suche und die Antwort auf so viele Fragen ist.
Ein „Man soll" möchte optimieren, das Beste hervorbringen und birgt in sich doch ein Gefühl von Zwang, ohne Kompromisse und Alternative.
Wer ist eigentlich dieser „Man soll"? An welchen Maßstäben wird er gemessen? Wer garantiert ein wahrhaftiges Bestreben, bei all der Realität? - Ein Zweifel bleibt.
Ein „Man soll" bekommt weniger Gewicht, wenn man es durch ein „Kann man, muss man aber nicht" ersetzt. Ein „Kann man" legt den Fokus auf die freiwillige und bewusste Entscheidung.

Ein „Kann man" lässt eine Wahl und ist damit ein Stück Freiheit. Man übernimmt Verantwortung, hinterfragt und reflektiert, um am Ende selbstbestimmt zu wissen:
„Man kann glücklich sein!";
- ohne schlechtes Gewissen!

+	-	-	-	+	-	+
	-	-	-	+	-	+
	-	-	+	-	-	+
	-	+	-	+	-	+
	-	+	-	+	-	+
	+	+	+	+	-	-
	-	-	-	-	+	-
	+	-	+	-	+	-
	-	-	-	-	-	+
	+	+	+	-	-	-
	+	-	+	-	-	-
	+	+	-	+	+	+
	-	-	+	-	-	-
	-	+	-	+	-	-
	+	+	-	-	+	+
	+	+	-	-	+	+
	-	-	+	-	+	-
	-	+	-	+	-	+
	-	+	-	+	-	+
	-	+	-	+	-	+
		+	– **Karma** –		-	+
	-	-	+	+	-	-
	+	-	+	-	+	-
	+	-	+	-	+	-
	+	-	+	-		
-	-	+	+	-	-	+
		-	-	+	-	+

„Man soll fleißig Punkte sammeln!“.

Bildnachweis

Bild – „Man soll ein schönes Outfit tragen!“, Fotografie,
© Maria Quinius

Bild – „Man soll leere Flaschen recyceln!“, Fotografie;
© Maria Quinius

Bild – „Man soll nicht gaffen!“, Fotografie,
© Maria Quinius

Bild – „Man soll seine Sachen in Ehren halten!“, Fotografie,
© Maria Quinius

Bild – „Man soll einen Blog schreiben!“, Fotografie,
© Maria Quinius

Bild – „Man soll nicht rauchen!“, Fotografie,
© Maria Quinius

Über mich

Meine Philosophie ist es, das zu machen, was mich gerade bewegt. Jedem Schaffen liegt Herzblut inne, wodurch sich eine künstlerische und literarische Vielseitigkeit in meiner Arbeit ergibt.

ICH FÜLLE MEINE SEITEN UND SCHREIBE DAS LEBEN.

Kontaktdaten

Website: Maria-Quinius.de
E-Mail: maria-quinius@web.de
Instagram: quinius.art.ist